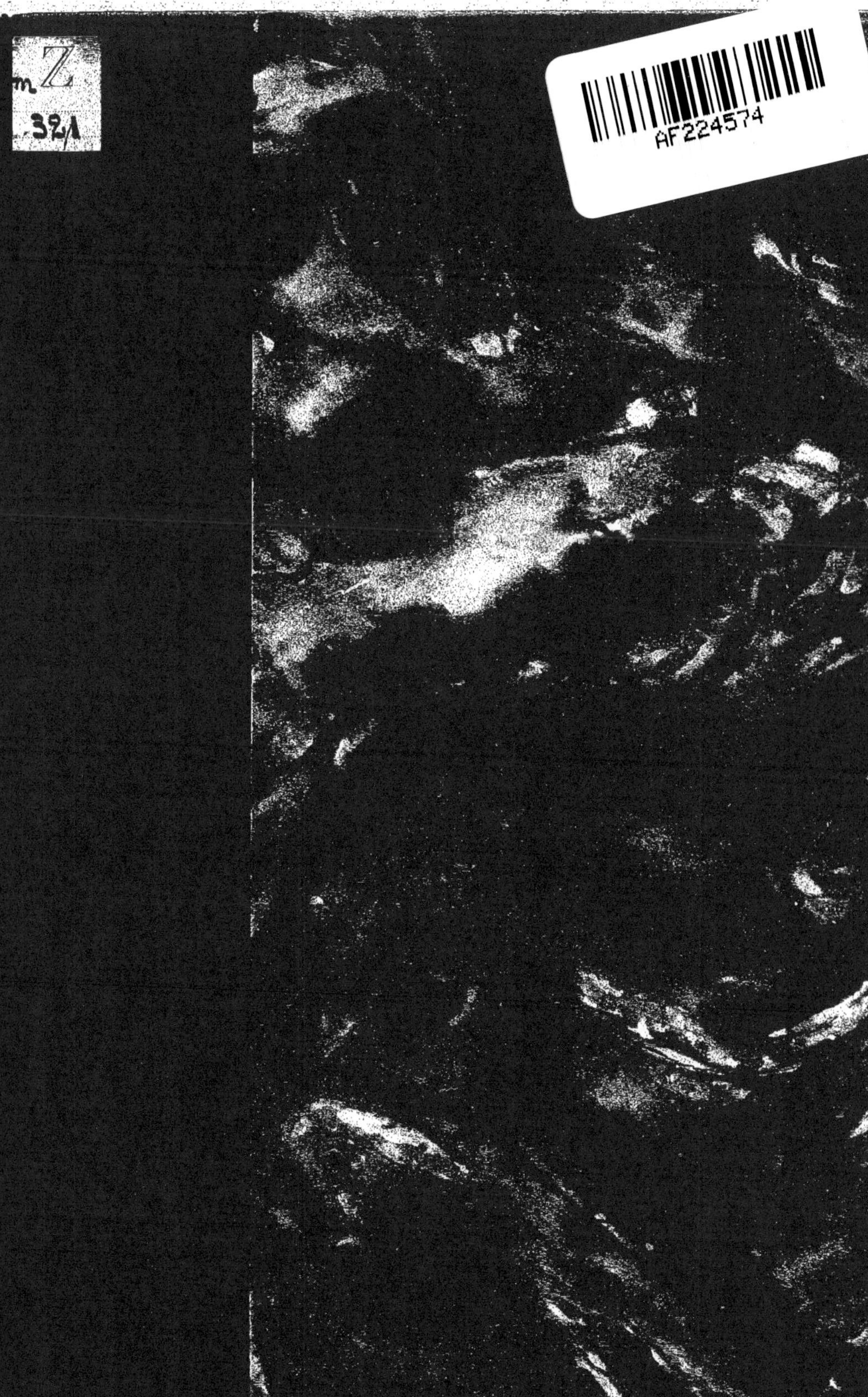

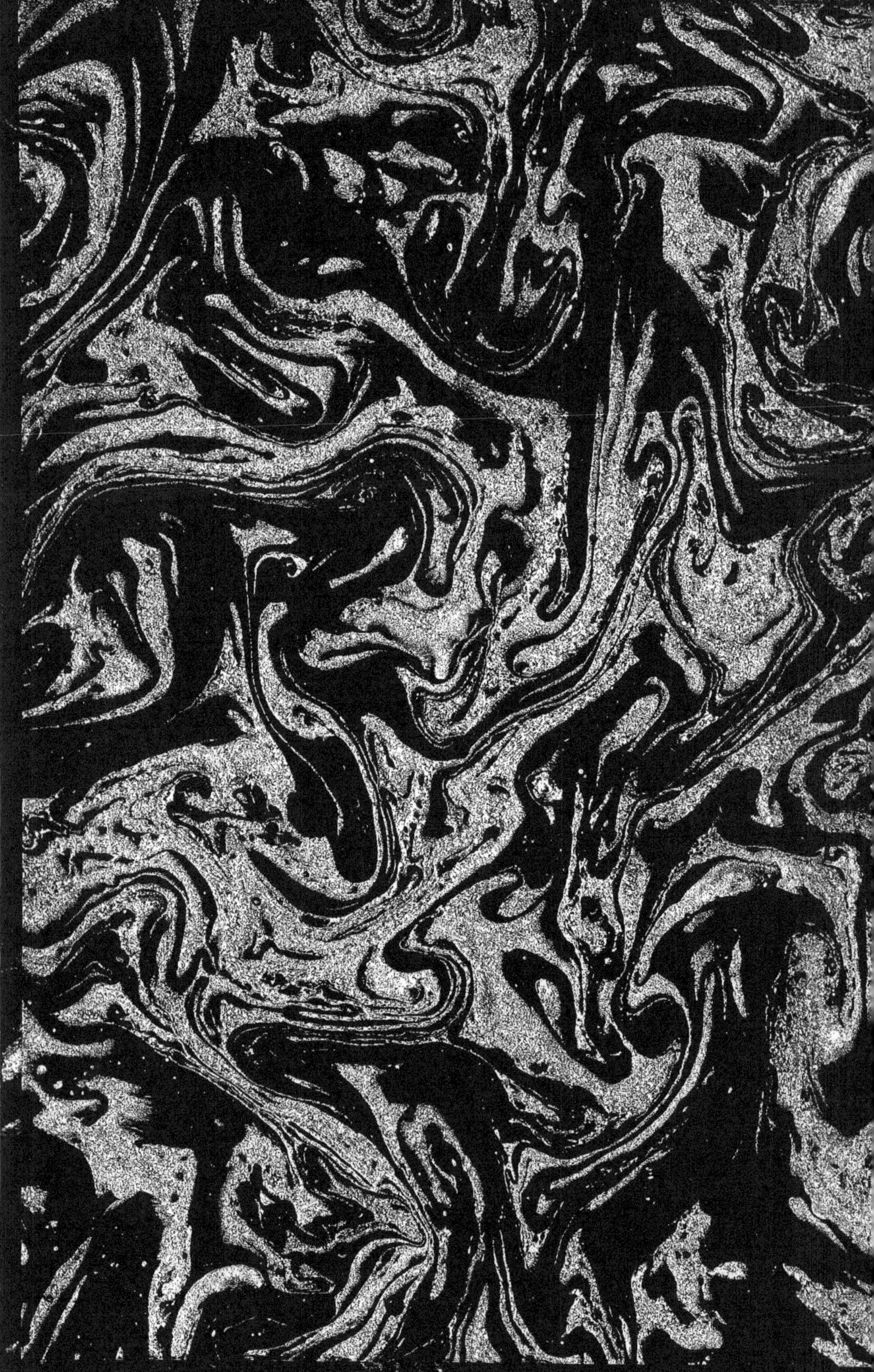

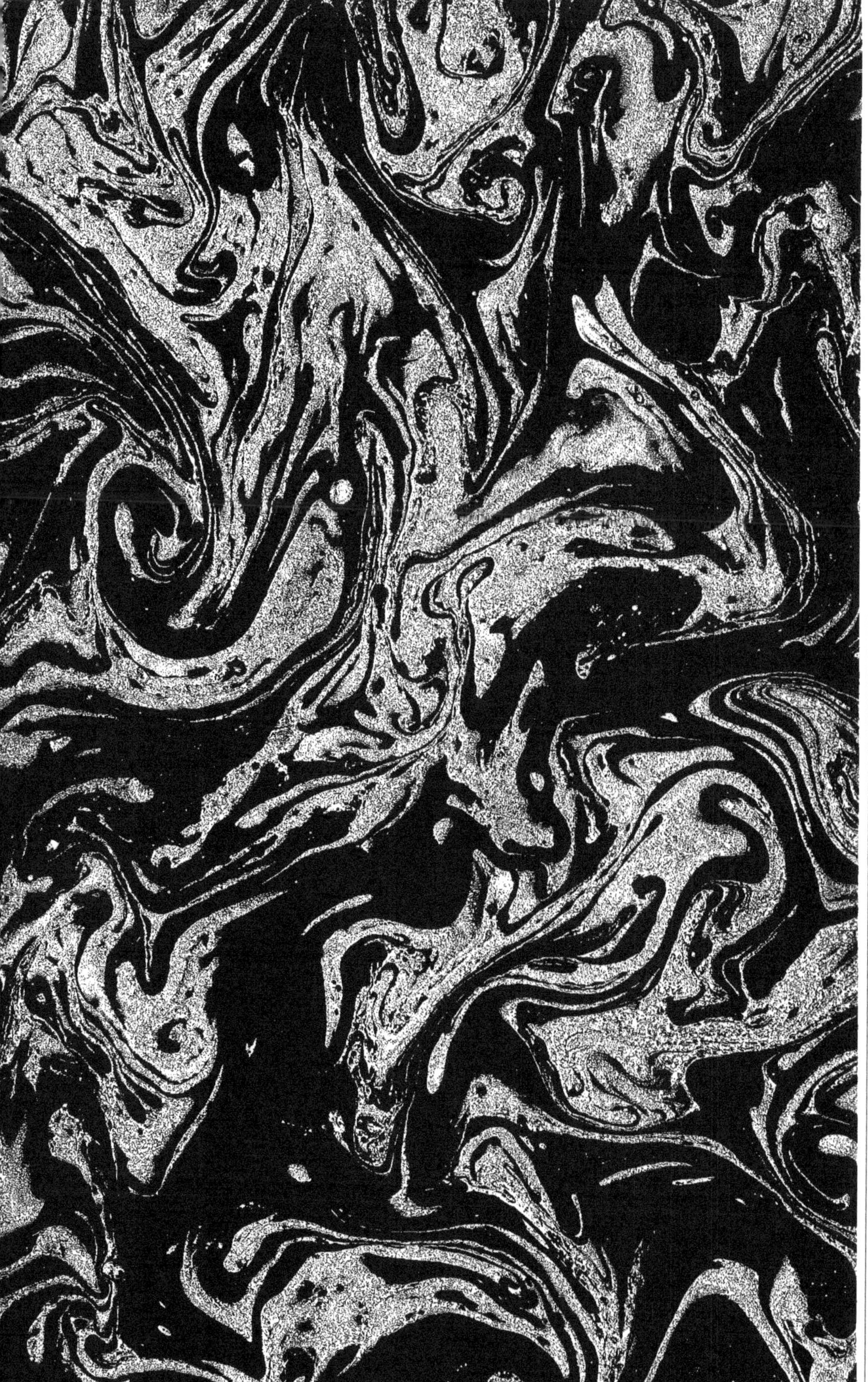

Prix : 2 francs

PEINTURES

DE

LÉOPOLD SURVAGE

Dessins et Aquarelles

D'IRÈNE LAGUT

PREMIÈRE EXPOSITION DES "SOIRÉES DE PARIS"

Catalogue avec deux Préfaces

DE

GUILLAUME APOLLINAIRE

Chez MADAME BONGARD

5, Rue de Penthièvre

Du 21 au 31 Janvier 1917

IMP «UNION», 46, BD ST-JACQUES

Lorsque j'ai connu Léopold Survage il vivait dans un atelier
si misérable qu'on y cuisait quand il faisait du soleil, tandis
qu'on y gelait l'hiver, et quand il pleuvait on y étàit aussi
trempé que si on s'était mis sous une gouttière. Léopold Survage avait inventé l'art nouveau de la peinture en mou-
vement : le *Rythme coloré*. Il y avait travaillé pendant des
années, vivant modestement du produit d'un métier manuel qui
est celui d'accordeur de piano. Il avait été amené à exercer ce
métier par l'entêtement d'un père, grand fabricant de pianos.
Ne voulant pas qu'il fût peintre, il exigeait que son fils devint un
industriel. Ce *Rythme coloré* auquel il consacrait ses veilles fut
mis au point. Et au moment de la déclaration de guerre allait
se manifester au public grâce au Ciné, ce formidable moyen de
propagande. La guerre interrompit ces projets qui seront repris
et nul doute que les « Concerts lumineux » ne séduisent un jour
les dilettantes autant que la musique des sons.

Le *Rythme coloré* avait développé les qualités plastiques que
l'on trouve déjà dans les plus anciens essais picturaux de
Léopold Survage. Les efforts qu'il a faits pour donner une vie
à la nuance pure l'ont mis à même d'aborder la peinture avec
des moyens tous nouveaux.

J'ai senti, pour ma part, un tel accord entre les détails pro-
ches et lointains, les précisions anciennes ou futures que
l'avenir trouvera dans mes poèmes et la lyrique transfiguration
urbaine que l'on trouve dans les tableaux de Survage que j'ai
regardé ces ouvrages avec une tendresse fraternelle. J'aime aussi
le côté poétique et touchant de ses ouvrages, la fraîcheur de
ses bouquets, la simplicité des fruits, des fleurs et des feuilles.

Nul avant Survage n'a su mettre dans une seule toile, une
ville entière avec l'intérieur de ses maisons

Et cette ombre humaine qui surgit aux carrefours

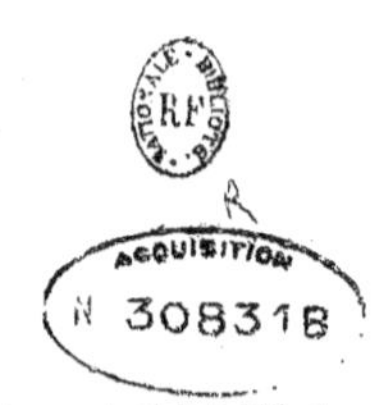

Il y aura l'âge des choses
légères, On dépensera des millions
pour des choses qui serviront
durant une minute et qui s'
évanouiront, et des chefs-d'œuvre
seront aussi aériens
que les aviateurs.

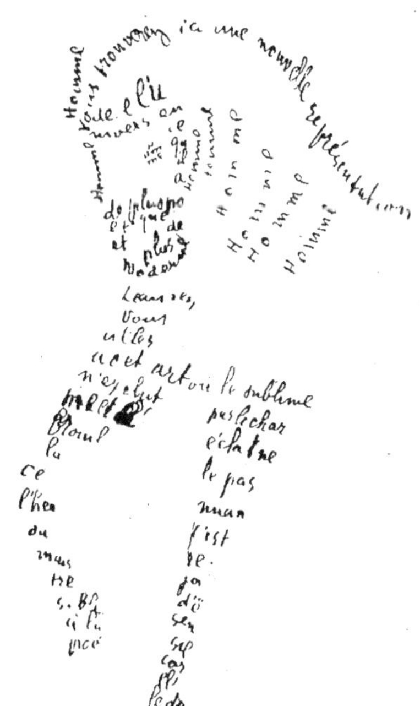
vous trouverez ici une nouvelle représentation
Homme
Homme
Homme
Homme
Homme
tout terriblement
Guillaume Apollinaire

Irène Lagut, dont nous eûmes l'occasion de goûter les pre-
mières tentatives artistiques durant les premiers mois de 1914,
dans un atelier retiré de la rue Maison-Dieu, est une de ces sin-
gulières Satanes de l'Art qu'a fait jaillir la magnifique incertitude
de notre âge.

Elle a un des dons les plus rares en peinture : celui de la
grande mesure.

En elle, se mêlent de la plus bizarre façon le talent, le
mépris, la sûreté d'elle-même et le manque d'intérêt pour les
dons qui lui ont été départis, la ruse, la coquetterie, le sno-
bisme, la grâce, le goût, la modestie, l'infernale discrétion, le
désir de calme et le féerique esprit de révolte.

Vive
V
une Na
France sem.
ité l'il l'État é
crit dans les
des suns et
dans les fables
é une l'izeur
La qut vive la
France où l'art peut
se renouvele les si
souvent et d'une
manière toujours
forte et toujours
extrememeut ssa

et ton ...... neuve
ciel ... bou ......
... tel ......
quel bonheur que si
fleur ne soit
pas
mort
enco
comme une fleur mourant entre
les mains d'un pâle soldat blessé

et des ..... l'amour
Pourquoi fleuri
la fleur et
laisse pourr
le fruit et lui
se sèmer la
graine tandis
que soufflent
les tempêtes

L'Artisan ...... creuse

Les montagnes aux pentes tendres

Pos pt. têtes villes maritimes

l'attirent

il et son [...] des
polacres en Méditerranée

Ce peintre est le fils de cette guerre calme et touffue
son œuvre est un front chatoyant entre
la guerre et l'essor magnifique
ce qui fut l'art avant [...] qui emportera les [...]
nouveaux peintres

il a
contemplé
les foules et il
en exprime la
vie par le moyen
de quelques ombres
humaines et n'attend
pas que le temps
donne de l'origina
lité à ses sen
sations

il est sûr de lui

il veut
donner meilleur
donnance à la
fois pompeuse et
familière à tous les
détails, si ... dans
ce qui est si naturel dans
son œuvre, on pourrait
le comparer à l'art
du dramaturge

survage est l'... non qu...
... rattache ... la dési ... peut ...
lui conviennent car l'homme moderne va ...

est   lui   dans   va
    S   U   P É   R   ge
eur   so   pre   i
    L   I   S A   et   vi
on   quoi   qu'   pen   se
    N'   E   S T   P   L
us   fon   déé   sur   les
    C   A N O   N S
de   pa beau   té hu
    M
    A
    I
    N

elle sort
par elle
dessine
trois oiseaux
qui ouvrent
une ceinture
vivement un œil
de la
quelqu'un
où vivent ses
personnages
pamphlets, une
bouche sur un
mor
eau de
les trapézistes fraternels
sucre,
un bonbe doré
Blanc,
un oiseau
dans une cage
une bicycle dans
un crayon gri-
vert à tous
les vents,
une amazone,

un essaim
des grappes de raisin
un passé d'homme a la tête ronde
une femme née qui rit
des chevaux et l'écureuil
et des escaliers à l'envers

Dernye qui a la grève ? La famille des funambules s'est instituée
il se reyret empresse
à Sédan il y a des chiens
métiers
singuliers qui
lettres mêmes de
modernes
ont l'air de savoir faire un
chapeau
moderne

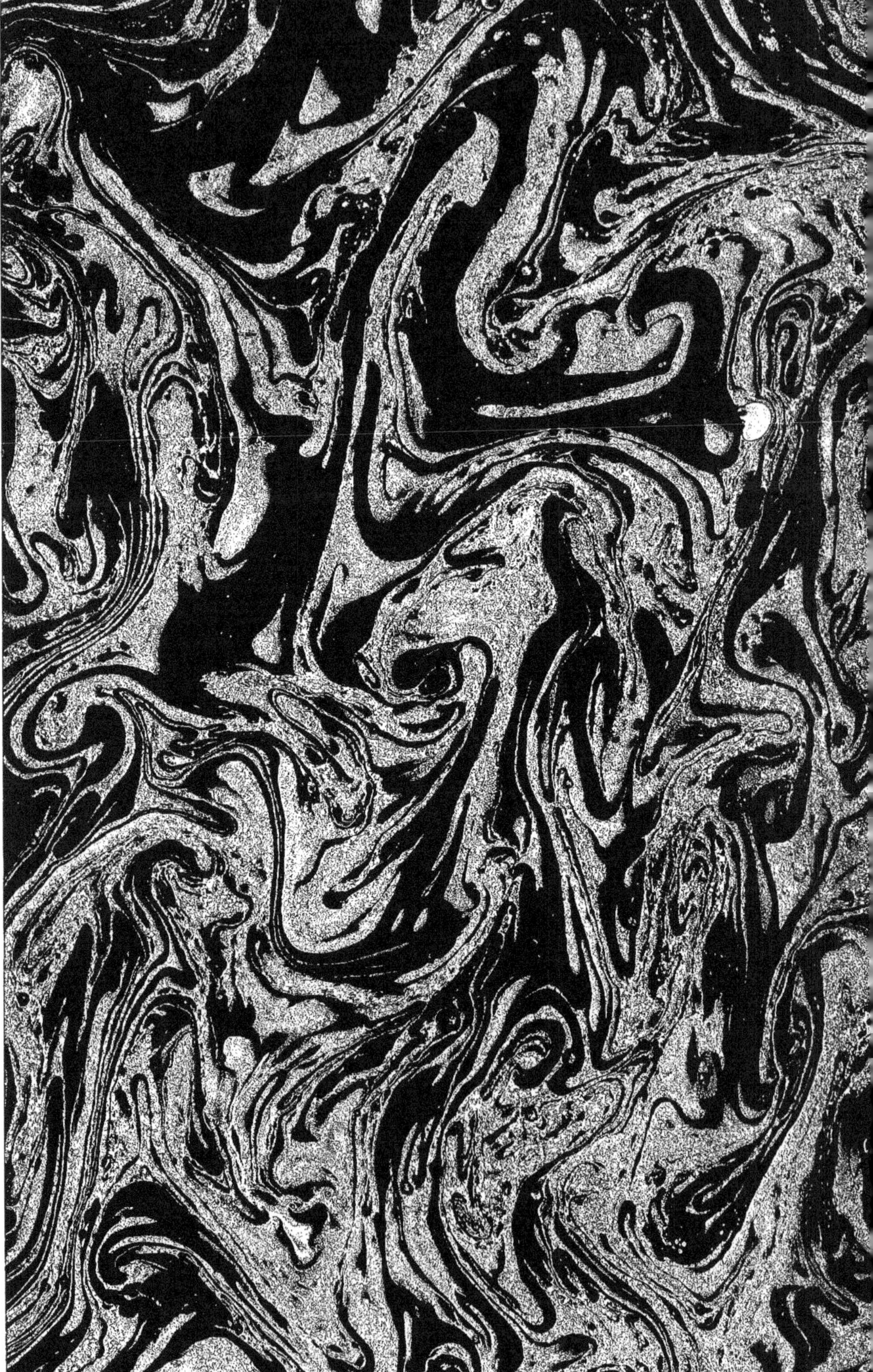

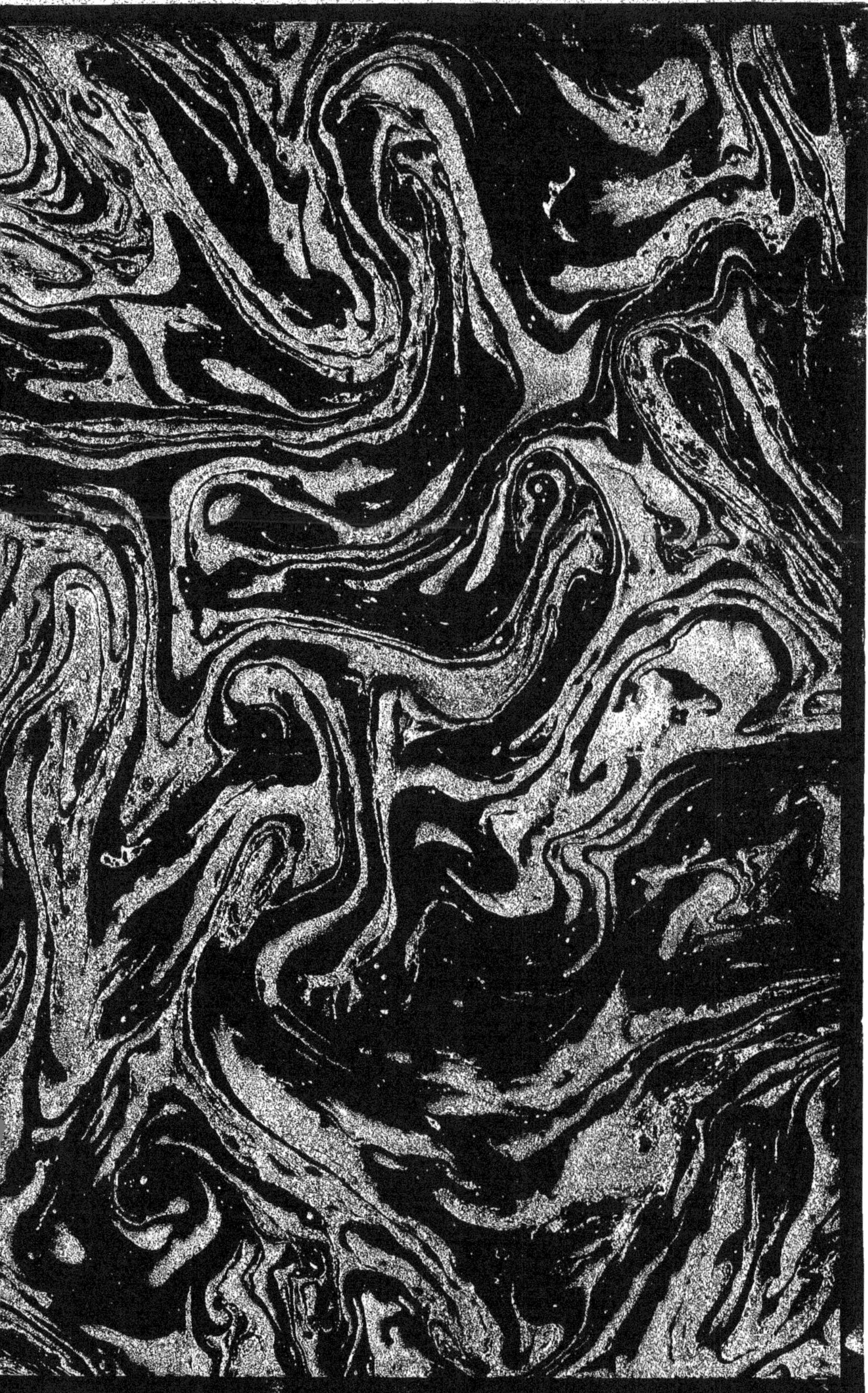

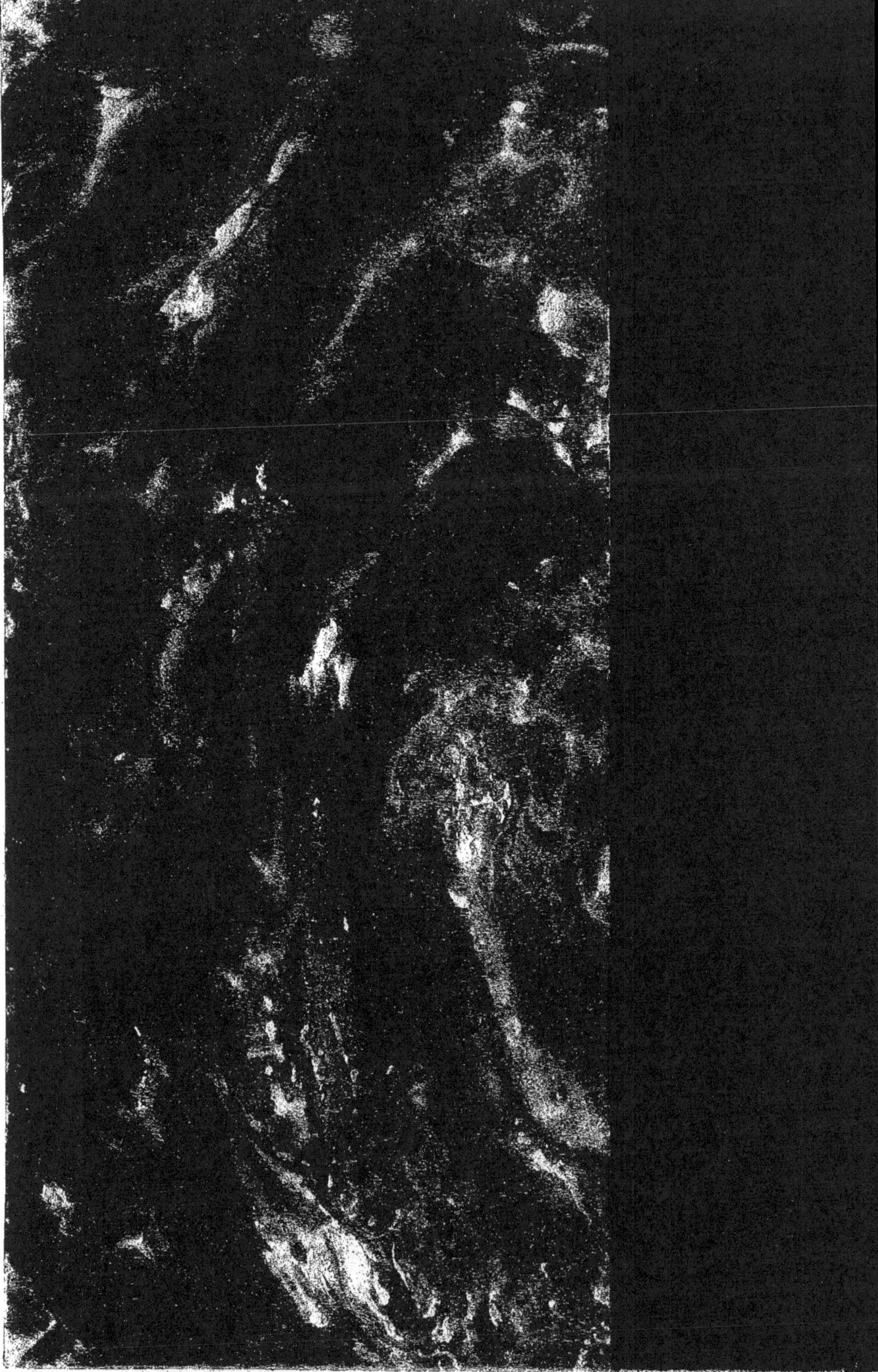

PEINTURES DE LÉOPOLD SURVAGE   PRÉFACES DE GUILLAUME APOLLINAIRE